A MONSEIGNEUR PAVY

ÉVÊQUE D'ALGER

HUMBLES OBSERVATIONS

D'UN MARABOUT

ALGER

TISSIER, LIBRAIRE, RUE BAB-EL-OUED

—

1863

IMPRIMERIE BALME ET Cᵉ.

A MONSEIGNEUR PAVY

Évêque d'Alger.

—

HUMBLES OBSERVATIONS D'UN MARABOUT.

Vous êtes l'un des Princes de l'Église chrétienne, et votre réputation s'étend au loin; Grand parmi les Grands, vous possédez, — par grâces d'État, sans doute, — des qualités multiples : vous êtes Prêtre, Orateur et Écrivain.

Prêtre, vous avez charge d'âmes, et guidez votre troupeau le long de la voie sacrée;

Orateur, vous avez la magnificence des formes et l'ampleur des gestes qui captivent l'auditoire; aussi, la foule se suspend à vos lèvres, — et les plus rebelles comme les plus jolies pécheresses, cédant à votre éloquence persuasive, s'humilient et se repentent : la lionne coupe sa crinière et se fait brebis;

Publiciste, vous êtes passé maître en l'art d'écrire : s'il est vrai que le style soit l'homme, il suffit, pour vous connaître, de lire votre dernier Mandement.

Donc, vous êtes trois fois illustre.

Moi, Monseigneur, je ne possède ni puissance, ni esprit, et

Job, auprès de moi, eût passé pour un Crésus. N'importe ;
la religion du Nazaréen enseigne l'humilité : le primat d'Alger daignera, j'en suis sûr, écouter patiemment le plus obscur
des marabouts.

II

Rappelons les faits :

Le mois dernier, l'Empereur a prévenu le Gouverneur-
Général de l'Algérie que le Sénat serait prochainement appelé
à nous donner une Constitution ; la lettre impériale portait :

« La terre d'Afrique est assez vaste ; les ressources à y
« développer sont assez nombreuses pour que chacun puisse
« y trouver place et donner un libre essor à son activité,
« suivant sa nature, ses mœurs et ses besoins ;

« Aux indigènes, l'élevage des chevaux et du bétail, les
« cultures naturelles au sol ;

« A l'activité et à l'intelligence européennes, l'exploitation
« des forêts et des mines, les dessèchements, les irrigations,
« l'introduction des cultures perfectionnées, l'importation de
« ces industries qui précèdent ou accompagnent toujours les
« progrès de l'agriculture ;

« Au gouvernement local, le soin des intérêts généraux,
« le développement du bien-être moral par l'éducation, du
« bien-être matériel par les travaux publics. A lui le devoir
« de supprimer les règlementations inutiles et de laisser aux
« transactions la plus entière liberté. »

Le public algérien s'est ému de cette déclaration de principes : les gens de bourse et de négoce ont poussé de pitoyables clameurs, et les nouvellistes, trempant leur plume, — qui dans un bénitier, qui dans l'écritoire de Schylock, — ont soutenu cette thèse « que les colons allaient être sacrifiés, sans « merci, à la rapacité des indigènes ! »

Vous, Monseigneur, vous avez fait mieux ; à une lettre du Souverain, vous avez répondu par une lettre Pastorale : coup pour coup. — « Je suis aussi bien l'Empereur des Arabes « que l'Empereur des Français, » — avait dit Napoléon.

« Glorieuse de ses labeurs autant que de ses triomphes, « l'Algérie chrétienne, avez-vous répondu, ne sera pas « abaissée, amoindrie, entravée par la Constitution promise; « rapportée triomphalement ici par la Providence, après avoir « illuminé de ses rayons toutes les plages, tous les sommets « et jusqu'aux déserts de la Régence barbaresque, la Croix « n'aura pas à s'incliner devant le Croissant ! »

Et pour conjurer ce péril, vous avez ordonné les prières des *quarante heures* et des communions spéciales dans toutes les communautés religieuses, ainsi que le prescrit le Clergé au jour des plus grandes calamités publiques.

Je l'avoue : vos paroles, jetées du haut de la chaire comme un cri de colère et d'angoisse, m'ont profondément ému ; — votre douleur me semblait d'abord pleine d'ostentation; mais, quand au nom d'un Dieu de miséricorde et de paix vous avez opposé le Croissant à la Croix, j'ai senti bouillonner en moi les instincts de ma race ; je me suis demandé si le discours qui venait de remplir l'Église du Christ n'aurait point d'écho dans la Mosquée du Prophète ; et, pendant que je songeais au passé, il me montait au cerveau comme un parfum de poudre.

Pour me soustraire à ces vapeurs enivrantes, il m'a suffi d'un peu de réflexion : je me suis dit que, tôt ou tard, la force du droit l'emporterait sur le droit de la force ; et, laissant à leurs prières vos lévites et vos vierges, j'ai fait, au point de vue moral et religieux, l'examen de conscience des deux peuples. — C'est précisément, Monseigneur, cet examen que je vous adresse.

III

Vous autres Français, vous connaissez comme nous tout ce qu'entraîne avec elle l'invasion du territoire par des hordes ennemies : meurtre, viol, rapt, toutes les douleurs, tous les déchirements, toutes les hontes ! — Aussi, vienne le torrent dévastateur, vienne le « fléau de Dieu, » et toutes les populations se pressent autour du drapeau ; tous se donnent la main : femmes, enfants, guerriers, vieillards ; les citernes se vident, les pierres se soulèvent d'elles-mêmes, les champs sont dévastés ; puis, à mesure que le fléau s'approche, voici que le ciel s'illumine d'une teinte éclatante !... c'est le feu !... le feu qui dévore maisons et granges, champs et forêts, et ne laisse aux envahisseurs qu'un immense monceau de cendres au lendemain d'un immense incendie !

Guerre trois fois sainte, en vérité, que celle soutenue pour

la défense du pays ; car ceux qui repoussent l'invasion com-
battent pour ce qu'il y a de plus saint et de plus sacré : POUR
LA RELIGION, POUR LA FAMILLE, POUR LA LIBERTÉ !

Et, dites-moi ? Si, prenant texte de vos révolutions inté-
rieures qui ébranlent l'Europe et dont le contre-coup fait
osciller les trônes, les puissances absolutistes se liguaient une
fois encore et s'avançaient, bannières flottantes, avec leurs
fantassins, leurs cavaliers et leurs canons, pour écraser Paris,
— dites-moi ? — est-ce que la France toute entière ne mar-
cherait point à la défense du territoire ?

Est-ce que vous n'entoneriez plus la *Marseillaise ?* Est-ce
que vos prêtres ne béniraient point vos armes ? Est-ce que
du Nord au Midi, et de l'Est à l'Ouest de cette vieille terre des
Gaules, vos jeunes hommes, frappant du pied le sol, n'en
feraient point jaillir ou la victoire, ou la vengeance ?

Le doute seul, ici, serait une injure.

Or, les Arabes suivaient la loi commune. — Qui donc ose-
rait leur imputer à crime l'héroïsme de leur défense ?

Un de vos éminents publicistes disait hier :

« *Il ne faut pas faire aux autres ce qu'on ne voudrait pas
qu'ils vous fissent.* » Est-ce que cet axiôme ne suffit pas pour
que la sphère politique tourne comme la sphère terrestre,
d'elle-même, sur son axe ? Ne faites pas à autrui ce que vous
ne voulez pas qu'on vous fasse ; car le mal que, la veille,
vous aurez fait à Paul, Pierre, le lendemain, vous le rendrait,
en invoquant votre exemple ; — or, qu'auriez-vous à répon-
dre si les Autrichiens et les Russes, maîtres encore de la
France, voulaient *cantonner* les Français ?

Mais laissons de côté cette question ; aussi bien, de vainqueur à vaincu, on ne discute guère : mieux vaut prendre la situation pour ce qu'elle est.

Un mot, cependant :

Comment *justifiez-vous* la conquête de la Régence ? — La Régence, dites-vous, était un nid de pirates, et c'est dans un but essentiellement philanthropique, en un mot, c'est pour CIVILISER l'Algérie que l'armée française s'est emparée d'Alger, puis du littoral, puis de l'intérieur.

C'est bien là, n'est-ce pas, la raison que vous donnez ? — Cette raison, discutons-la.

Je ne connais rien d'élastique comme les mots de votre langue. Il suffit d'un peu d'habileté pour transformer, du blanc au noir, la vérité la plus vulgaire : chacun l'exprime de même, chacun la traduit à sa façon. — Un exemple entre mille :

Qu'apelez-vous *civiliser?* — Ce mot aurait-il réellement la signification que lui donne l'Académie, c'est-à-dire *rendre civil, honnête, sociable, polir les mœurs?*

A vous en croire, vous êtes le peuple le plus civilisé du globe... Et cependant, si je jugeais par ce que je vois, je serais tenté de vous demander si l'excès même de votre civilisation n'entraîne point fatalement la dissolution de cette société.—Car enfin, « l'honnêteté des manières sans l'honnêteté des mœurs, n'est qu'une honnête hypocrisie ; » —et quel peuple a des mœurs moins sévères que le peuple français ?

Vos grandes villes sont un foyer de vices ; que ce soit par misère ou pour des causes physiques dont je ne chercherai point la source, la débauche paie patente pour avoir le droit de cité ;

Le mariage, — qui devrait être l'alliance de deux cœurs, —
est le plus souvent un trafic immoral qui se conclut de gré à
gré : « tant vaut la dot, tant vaut la femme ; » ainsi disent les
épouseurs : et, si complaisante est leur morale, que chacun
fait des gorges chaudes à propos d'un mari trompé ; si bien,
qu'on a pu dire : « En France, c'est une honte de manquer
de foi, même au jeu, et ce n'en est pas une de la trahir dans
le mariage. »

Vous avez l'esprit de parti, mais vous n'avez ni convictions
ni principes ; politiquement, votre conduite est une perpé-
tuelle apostasie : aujourd'hui pour la Ligue et demain pour la
Fronde ; d'un jour à l'autre vous retournez votre conscience
comme Mascarille son habit ; hier encore vous doutiez de tout :
de la morale et de Dieu même ; demain, vous brûlerez des
cierges devant une relique !...

Ah ! si c'était là, Monseigneur, les préceptes de haute
morale que la France dût inculquer aux vaincus, mieux
vaudrait, convenez-en, qu'on nous laissât, par pitié, notre
ignorance et nos mœurs !...

Mais ces mœurs, les connaissez-vous ?

Je sais bien que nos jeunes hommes n'ont point ces allures
dégagées et ces belles manières qui distinguent les vôtres ;
chez nous, point de bottes vernies, de pantalons collants ni
d'habits qui nous emprisonnent les membres : nous sommes
ridicules à ce point que nous avons horreur de ce qui nous
gêne.

Enfin, nos fils de famille ignorent ces mille secrets qui
abrègent les heures : le baccarat, la roulette, le lansquenet,
que sais-je encore ?.. Mais aussi, pas d'enfant prodigue qui

perde son patrimoine sur un coup de cartes, et nous n'avons pas de gentilshommes qui trichent au jeu : cela fait compensation.

Parlerai-je de vos femmes, — charmantes créatures pétries de malices, anges doublés de démon ? Eh ! mais le philosophe de Genève a tracé quelque part ce portrait que je crois vrai : « En France, écrivait-il, la femme la plus estimée est celle qui fait le plus de bruit; de qui l'on parle le plus; qu'on voit le plus dans le monde; chez qui l'on dîne le plus souvent ; qui donne le plus impérieusement le ton ; qui juge, tranche, décide, prononce, assigne aux talents, au mérite, aux vertus, leurs dégrés et leurs places ». — Les choses n'ont guère changé depuis Jean-Jacques.

Eh bien ! et dussé-je vous faire sourire, je le dis avec orgueil : à vos dames spirituelles, agaçantes, rieuses, qu'on admire et qu'on encense au bal, à l'opéra, partout !... à ces divines enchanteresses, — moitié femmes, moitié syrènes, — qui vous gouvernent au gré de leurs fantaisies et vous trompent avec délices, — je préfère nos prosaïques Mauresques : car elles vivent de notre vie; car elles aiment leurs enfants comme on aime la chair de sa chair ; car elles ont au cœur l'amour du pays : et quand les étrangers envahissent la patrie, loin de se parer de fleurs et d'agiter leurs mouchoirs en signe de joie, nos vaillantes compagnes chargent nos armes et entonent le chant de guerre !

IV

Mais je m'égare ; allons aux faits :

Un de vos rois les plus populaires, Henri IV, disait : « C'est une chose contraire aux lois de la nature et du christianisme, que de faire la guerre pour l'amour de la guerre ». Cette maxime vous condamne.

En droit, vos représailles devaient finir où finissait la puissance du dey d'Alger : la ville prise, l'honneur de la France était sauf. Etendre la conquête pour la conquête elle-même, c'était violer le droit des gens : les plus subtils diseurs n'y changeront rien.

En fait, qu'avez-vous produit, qu'avez-vous organisé ?

Pour assurer votre domination, vous avez coupé nos arbres, dévasté nos champs, moissonné nos hommes. Soit ! la guerre a d'implacables nécessités. Mais l'œuvre de destruction finie, qu'aviez-vous à faire ? Un de mes amis l'a dit avant moi :

« Bombarder Alger, c'était venger l'outrage fait à la dignité de la France : occuper les provinces africaines, fonder, étendre et maintenir la conquête, c'était donner à l'activité du génie national une grande et délicate mission ; c'était prendre, au grand jour, le solennel engagement de résoudre un des plus graves et des plus difficiles problèmes qui aient été proposés par la Providence à la civilisation européenne.....

« Il fallait coloniser ;

« Coloniser, c'est-à-dire donner aux champs la culture, aux cités les commodités de nos arts , substituer au pillage le travail productif ; à la rapine, l'industrie ; à l'ignorance, la lumière ; améliorer la race vaincue, non l'exterminer ou la corrompre ; voilà ce que vous deviez à l'Algérie ;

« Coloniser, c'est-à-dire ouvrir à l'activité qui tourmente la France, une issue ; à ses misères un asile ; un déversoir au trop plein de sa population, un champ d'expériences aux esssais des novateurs ; peupler les plaines des trois provinces, donner des bras au sol vierge ; des fermes dans ces champs qui sollicitent la charrue ; des usines aux flancs de ces montagnes qui recèlent tant de richesses ; dans les villes, des manufactures et des comptoirs ; partout des écoles ; travail, crédit et négoce, bien-être et instruction, — voilà ce que vous deviez aux émigrants.

« Qu'a-t-on créé ?

« Quelques villes neuves et coquettes, mais pas d'industrie ; des routes inachevées, mais pas de commerce intérieur ; des camps transformés en villages, mais pour ainsi dire pas d'agriculteurs ; l'usure privée au lieu du crédit public ; puis, conséquence inévitable, un flux et reflux de Maltais, d'Italiens, d'Espagnols, au lieu d'une population fixe et vigoureuse : telle est la colonie. (1)

Le tableau est encore exact.

Oh ! que de choses, Monseigneur, il reste à faire !... Mais toute ma pensée se résume dans ces quelques lignes, écrites

______

(1) *Études sur l'Algérie.* p. 82.

par *Notre* Empereur à l'une des époques les plus tourmentées de sa vie :

« La classe ouvrière, disait Louis-Napoléon Bonaparte, ne possède rien : il faut la rendre propriétaire ; elle n'a de richesse que ses bras ; il faut donner à ces bras un emploi utile pour tous. Elle est comme un peuple d'ilotes au milieu d'un peuple de sybarites : il faut lui donner une place dans la société et attacher ses intérêts à ceux du sol ; enfin, elle est sans organisation et sans liens, sans droits et sans avenir, il faut lui donner des droits et un avenir et la relever à ses propres yeux (1) ! »

Changez deux mots : à la *classe ouvrière* substituez la *race arabe*, et la lettre qui vous désespère est aussitôt justifiée : l'Empereur s'est rappelé ce qu'écrivait le prisonnier de Ham.

V

Ecoutez encore ; la patience est vertu chrétienne :

Chaque siècle a ses instincts propres, ses mœurs, ses besoins, sa mission, voulais-je dire ; à mesure que le monde marche, il s'opère, simultanément presque, au fond comme à la surface des sociétés, d'inévitables transformations : on naît ; on meurt ; à la race qui s'éteint, une autre race succède

---

(2) L.-N. Bonaparte : *Extinction du Paupérisme*, p. 11 et 12.

qui bientôt s'éteindra, — et, semblable au phénix des temps
antiques, l'humanité renaît de ses cendres.

Est-il dans les desseins de la Providence de conduire encore
à travers le monde de nouvelles migrations et d'abandonner
la vieille Europe à des races plus jeunes, — nul ne le saurait
dire : mais il me semble que la société française se décompose
et s'écroule.

Elle a été, suivant les âges, barbare, puis religieuse, puis
chevaleresque.

Qu'est-elle aujourd'hui ?

Il ne m'appartient pas de prononcer ; mais pour si peu que
je les interroge, vos moralistes répondront.

Montesquieu ne disait-il pas, en parlant de la noblesse de
son époque : « Le corps des laquais est plus respectable ici
« qu'ailleurs ; c'est un séminaire de grands seigneurs ; il
« remplit le vide des autres états. Ceux qui le composent
« prennent la place des grands malheureux, et quand ils ne
« peuvent pas suppléer par eux-mêmes, ils relèvent toutes
« les grandes maisons par le moyen de leurs filles, qui sont
« comme une espèce de fumier qui engraisse les terres mon-
« tagneuses et arides (1). »

Montesquieu, — vous en conviendrez, Monseigneur, — était
un « homme d'ordre ». Pensez-vous qu'il ait menti ?

« Dieu et ma dame ! » inscrivaient sur leur bannière les
preux du moyen-âge. Autres temps, autres devises :

— *Quo non ascendum !* demandait Fouquet ;

— *Nec pluribus impar !* criait au monde le Roi-Soleil !

---

(1) Montesquieu. *Lettres persanes.*

Plus tard, cependant, la Noblesse s'efface devant la Bourgeoisie, — ou, pour m'expliquer mieux, au choc d'événements imprévus, les deux classes se heurtent, se croisent, puis s'amalgament pour enfanter je ne sais quoi d'informe qu'on appellera LE JUSTE MILIEU. — Alors, la noblesse vise à la fortune, la bourgeoisie vise à la noblesse ; l'esprit public se corrompt, la gangrène gagne les masses, et le mot de Courrier devient une vérité : « Tout le monde, en France, fait sa cour ; « c'est le génie de la nation : l'Anglais navigue, l'Arabe pille, « le Grec se bat pour être libre, le Français fait la révérence « et sert, ou veut servir ; il mourra s'il ne sert (1). » Je vous fais grâce du dernier mot !

Et Courrier n'était point seul à lancer l'anathème ; écoutez Timon : « Où il n'y a plus de foi dans les âmes, il n'y a plus « que corruption dans les mœurs et que lâcheté dans les « actions... Aujourd'hui, le gouvernement ne croit à rien, « les seigneurs de la cour à rien, les chambres à rien, les « électeurs à rien, les professeurs à rien, les élèves à rien. « Aussi, que sommes-nous tous devenus? Nous sommes « devenus des valets : c'est pis qu'esclaves (2)! »

Et comme si ce n'était point assez de cette imprécation, voici venir un de vos contemporains qui pose le doigt sur la plaie : « Vous ferez l'aumône sur une grande échelle, vous « tracerez des chemins de fer, vous protégerez l'agriculture « et le commerce, vous proclamerez des lois favorables aux « pauvres, — en vain! à moins de changer les âmes vous

---

(1) Paul-Louis Courrier : *Pamphlet des Pamphlets.*
(2) Timon. *Feu ! Feu !*

« n'empêcherez pas que le paysan n'aime mieux mourir de
« faim dans son haillon que vivre honnêtement et laborieu-
« sement sous un toit d'ardoises, à côté d'un champ pénible
« à cultiver (1). »

VI

Non ! par le Dieu que j'invoque et qui est le vôtre comme
il est le mien, cela n'est point vrai ! Non ! la France n'est pas
telle que ces esprits chagrins nous la dépeignent. Elle est, et
sera longtemps encore l'astre radieux autour duquel gravi-
tent toutes les intelligences et qui fait éclore, — moissons
éternelles, — l'instinct du bien, l'amour du beau !

J'admire la France, Monseigneur ; oui, moi, sectateur du
Prophète, je l'admire — et je l'aime... en dépit de tout le
mal qu'elle a fait à ma race ;

Je l'aime parce qu'elle creuse le sillon où germera l'avenir ;
parce qu'elle est chevaleresque jusque dans ses folies ; parce
qu'elle a le sentiment inné de l'égalité et de la justice ; parce
qu'elle est brave jusqu'à l'héroïsme ; parce qu'elle est Peuple
jusqu'au fond des entrailles ; parce qu'elle remue le monde
avec un mot !

Cette admiration, faites, Monseigneur, que mes co-religion-

---

(1) Philarète Chasle. *Etudes sur les hommes et les mœurs du
XIX° siècle.*

naires la partagent. Ce peut être chose facile : « *L'esprit souffle où il veut* », ont dit les Pères de l'Eglise. Eh bien, au lieu d'élargir l'abîme qui les sépare encore, étudiez-vous à rapprocher les deux peuples. — L'Arabe est ignorant? Instruisez-le, et n'ayez point les colères de Torquemada ; ne dites point :

Eteignons les lumières et rallumons.le feu !

mais inondez de clarté les intelligences obscures.

De nos enfants, faites des hommes ; inspirez-leur la haine du mal, l'horreur du vice, l'amour du juste : formez les âmes aux grandes vertus, je veux dire au respect du DROIT et à l'accomplissement du DEVOIR, et faites qu'à l'avenir les hommes confondent dans un même culte la Justice et la Liberté !

Faites cela, vous dis-je, — et la fusion s'opérera, et nos enfants vous béniront. Mais le ferez-vous ? Je le désire sans l'espérer.

Quoi qu'il en soit, Monseigneur, je vous baise respectueusement les mains,

Et je prie Dieu qu'il vous fasse téter, à pleines lèvres, le téton de sa miséricorde.